애잔하게

Jícaras tristes

Alfredo Espino 지음

김성욱 옮김

애잔하게 Jícaras tristes

ⓒ별밭(Compostela) 출판사, ⓒ김성욱

- 펴냄 : 2023년 11월 29일
- 지은이 : 알프레도 에스삐노 (Alfredo Espino)
- 옮긴이 : 김성욱
- 펴낸곳 : 별밭(Compostela) 출판사
- 출판등록 : 제2023-000190호
- 전화 : 050-7888-0224
- 블로그 : https://blog.naver.com/los-andes
- 이메일 : compostela-libros@outlook.com
- ISBN : 979-11-979402-4-8 (03870)

가격 : 14,000 원

저작권법에 따라 보호받는 이 저작물의 무단전재와 복제를 금하며, 이 책 내용의 전체 또는 일부를 사용하려면 사전에 옮긴이와 별밭(Compostela) 출판사의 서면 동의를 받아야 합니다.

파손된 책은 구매하신 곳에서 바꾸어 드립니다.

ⓒ **Steven Serrano.** 본 서적의 표지 및 본문 그림은 Steven Serrano의 저작물입니다.

알리는 글

* 뜻풀이

본 《애잔하게》의 뜻풀이는 옮긴이가 달았으며 ■로 표시되었고, 책 마지막 부분에 가나다순으로 나열되었다.

* 외래어 표기법 관련하여

우리말에 된소리가 엄연히 존재하며 일상에서 널리 사용되고, 이 소리가 에스빠냐어 발음을 온전히 표기할 수 있음에도 사용을 허용치 않는 이유가 설명된 바 없기에 그 규칙을 따르기 어렵다. 아울러 외래어 자음이 우리말의 '받침' 역할을 할 때 우리의 ㄱ, ㅂ, ㅅ 으로 획일적으로 처리하는 현행 방식도 따르지 않았다.

그러나, '아르헨띠나'가 아니라 '아르헨티나'처럼 관행에 밀려 후자로 표기할 수밖에 없는 부분도 있었다.

지은이 및 작품 소개

알프레도 에스삐노 (Afredo Espino)는 1900년 1월 8일 엘살바도르의 아우아차빤 (Ahuachapán)에서 태어나서 1927년 엘살바도르 대학 (Universidad de El Salvador) 법대를 졸업하고 1928년 5월 24일 산살바도르 (San Salvador)에서 세상을 떠난다.

젊은 시인의 감수성을 통하여 비친 엘살바도르의 자연에서 만날 수 있는 새, 화산, 사탕수수밭, 계곡, 강, 소, 늦은 오후, 오두막집 같은 다양한 요소와 그런 환경에서 일상을 꾸려 나가는 서민들의 희로애락이 강렬함과 동시에 온유하게 그리고 소박하게 읽는 이에게 다가온다. 이러한 작품성으로 그를 엘살바도르 근대문학의 선구자로 보는 평론가들도 있다.

《애잔하게》는 그의 유작이며 유일한 작품이다. 자국의 문단에 공식적으로 등단하지 않은 그의 시집이 엘살바도르 대학의 노력으로 1936년에 처음으로 세상에 알려진다.

엘살바도르의 문학을 논할 때 에스삐노에 대한 언급이 빠질 수 없고 그의 작품이 자국의 교재에 실려 있다는 사실은 단 한 권에 담긴 그의 문학세계가 얼마나 서민의 현실과 정서에 부합하고 대표하는지 가늠케 한다.

20세기 초반의 중남아메리카 문학은 전위주의, 원주민 문화 재평가, 지역주의, 근대주의 그리고 상징주의의 영향을 받았다. 그래서 에스삐노의 문학세계를 이러한 틀에서 접근하고 평가해야 할 것이다. 아울러 그의 작품에는 라틴아메리카는 물론이며 에스빠냐어 근대문학의 대표자로 손꼽히는 과테말라의 루벤 다리오 (Rubén Darío)의 숨결이 생생하다.

《애잔하게》의 원작인 《Jícaras Tristes》의 뜻을 그대로 옮기면 '슬픈 바가지'이다. Jícara (히까라)는 엘살바도르 농부들이 밭에서 일하다가 시원한 물을 마실 때 또는 집에 오는 손님에게 과일 주스나 과실주를 대접할 때 사용하던 바가지이다. 그런데 본 시집에 실린 작품에 온정(溫情)이라는 프리즘을 통하여 세상을 바라보는 지은이의 모습이 뚜렷하다는 점을 생각

하고 헤아려 보면 그는 이런 그릇을 정(情)을 주고받는 매체로 보았으리라 짐작된다. 이런 시각에서 '바가지가 슬프다'는 말은 더는 정을 나눌 수 없게 되자 교감하던 상대를 떠올리고 그리워한다는 뜻이 아닐까?

'...서민들의 희로애락이 강렬함과 동시에 온유하게 그리고 소박하게 읽는 이에게 다가온다.'라는 언급이 앞에 있었다. 이는 따뜻한 마음을 나누고 싶은 마음을 지은이가 별 기교 없이 읽는 이에게 고스란히 내보이고 있다.

차례

❖ 알리는 글 4
❖ 지은이 및 작품 소개 5

■ 보금자리 / Casucas

　우리의 노래 / Cantemos lo nuestro 17
　하늘에 올라 / Ascensión 19
　둥지 / Nido 22
　시월의 바람 / Vientos de octubre 23
　날개 / Esta era un ala 25
　꽃 나룻배 / Balsa de flores 27
　오두막집 그리고 샛별 / Un rancho y un lucero 29
　소녀의 죽음 / La mataron un día 31
　저 멀리... / Allá... 33
　소의 눈 / Los ojos de los bueyes 35

텃밭 / Huertos nativos 37
마을의 오후 / La tarde en el pueblo 39
끄리오쟈의 눈동자 / Los ojos de la criolla 41
마을 풍경 / Aires poblanos 43
폭포 / El salto 45
달빛 어린 오두막집 / Luna en el rancho 47
귀가 / El retorno 49
불꽃 나무 / Árbol de Fuego 51
먹그림 / Plombagina 53
야자나무 꽃 필 때 / Al entreabrirse la flor del coyol 54
새벽 / Madrugada 55
내 땅의 화산 / A un volcán de mi tierruca 57
십자가 / La cruz 59
흰옷 / Ropa blanca 61

■ 오두막집의 숨결 / Auras del bohío

야생 수채화 / Acuarela salvaje 65
길가의 나무 / Un árbol del camino 68
망아지들 / Los potros 69
일상으로 / Retorno 71
고갯길 / Camino de la quebrada 73
야산의 아침 / Mañanitas en los cerros 75

흰색 집 / La casita blanca 77
별 흐르는 강 / La estrella en el río 79
꽃 핀 사탕수수밭 / Cañal en flor 81
세레나데 / Serenata 83
치촌떼뻭 / Chichontepec 85
오월의 십자가 / La cruz de mayo 87
달빛 어린 물결 / Luna en las ondas 89
타마린드 그늘에서 / Bajo el tamarindo 91
나뭇가지 사이로 / Cielo entre ramas 93
강 / Río 94
마낄리수아 / El árbol 95
못 / El estero 97
음메 / Mugido lejano 98
항아리 이고 / Con los cántaros 99
께살떼뻭 / Quezaltepec 100
라마떼뻭 / Lamatepec 101

■ 온화함 / Dulcedumbre

어머니의 손 / Las manos de mi madre 105
순진한 소망 / El dulce anhelo 107
헐벗은 마음 / Con el alma descalza 109
아련하게 / Desde lejos 111

위로 / Consuelo   113
강철 / Acero   114
녹턴 / Nocturno   115
그때는 / Para entonces   117
감미로운 만남 / Viaje romántico   119
밀서 / Misiva íntima   121
너 / Checa   123
목가 (牧歌) / Eglógicas   124
아기 / Un angelito   125
겨울 / Invierno   127
아뜰라까뜰 / Atlacatl   129

■ 전경과 향기 / Panoramas y aromas

원주민 음악 / Música indiana   133
늦은 오후 / Tardecita   134
안개 / Neblinas   135
연못 / Remanso   136
비 내리고 / Después de la lluvia   137
별 낚시꾼 / Pescador de estrellas   138
이른 아침 / La mañanita   139
너 지나갈 때... / Cuando pasas...   141
그날 / De entonces   143

멧비둘기 / La tórtola 145
수채화 / Acuarela 146
아침 풍경 / Ritmos matutinos 147
수탉 우는 소리 / Cantan los gallos 148
오후 / Tarde 149
무언의 노래 / Canción sin palabras 151
저녁 찬가 / Vesperal 152
넘치는 영감 / Musa fluvial 153

■ 전설의 새/ Pájaros de leyenda

칠또따 / La chiltota 157
꾸스까뜰란 백로 / La garza 158
디초소푸이 / Dichoso fui 159
앵무새 떼 / Los pericos pasan... 161
끌라리네로 / El clarinero 162
백로 / La garza del llano 163

■ 동네의 영혼 / El alma del barrio

소외 / Suburbio 167
창백한 소녀 / La muchachita pálida 169
동네 축제 / La fiesta del barrio 171

다리 / El puente 173
성 목요일 / Jueves Santo 174
기쁨 언저리 / Alegría de arrabal 175
순풍 / Vientos en popa 177
한결같이 / Siempre 179
조화 / Stechetti en soneto 181
해 저물 때 / Tarde poblana 182
격렬하게 / Idilio bárbaro 183
순박한 영혼 / Alma cándida 185

❖ 뜻풀이 189

보금자리

우리의 노래

연한 악기의 나지막한 서곡처럼
산들바람 날개에 실려 오는
재잘대는 개울
둥지에서 지저귀는 새
삶의 낙(樂) 아닌가?

백합과 바질 짙은 향기 속에
정겨운 오두막집
외양간에서 음매~ 하는 소
저 멀리서 흥얼거리는 강…
삶의 낙 아닌가?

설레는 시월
별빛 엉기는 십이월
모든 감흥 이 땅에 넘치는데

이국땅에서 무슨 행운 좇겠다고

시든 시인 깨우는 감흥은
헬리콘*의 뮤즈가 내리는 게 아니라
자줏빛, 자개 빛에 물들며
해 저무는 가로원(街路園)에서 숨 쉬는
이 땅의 여신에게서 온다

껠살* 깃털 치장하고
오두막집에서 내려와
저 산의 숲과 꽃 내음,
소박하고 온화한 연가 떠올리게 하는
바로 우리 원주민 뮤즈

그러니, 자, 모두
꽃 핀 오렌지 나뭇가지 따스한 그늘에서,
장밋빛과 노을에 물드는 시월과
별빛 빗발치는 십이월
샘물 솟듯 꿈꾸어 보자

하늘에 올라

두 날개!...
날개가 있어서 날 수 있다면...!
오늘 오후, 봉우리에서, 날개 단 듯,
저기, 푸르고 고요하다 못해
쌍둥이 하늘 같은 바다 내려다보았네!...

여기저기
아름다운 봉우리들, 풍경들,
저 밑에 진흙탕 속
사소한 인간 세계!
욕망의 소름 돋는 울부짖음도
그릇된 열정의 뻔뻔한 외침도 들리지 않고...
비열한 것 오를 수 없이
이 봉우리는 새와 구름만의 세계...

산이 눈물 흘리는
지극히 온유하고 기이한 모습 보았네...
천천히 솟는 물
그 유유함에 햇빛 자신을 담그고,
송아지 한 마리 물가에 다가와
무릎 꿇고 목 굽혀 맑은 물 마시니
물과 빛 마신다...

언덕과 숲에서
폭풍이 내리막길 굴러떨어지는 듯
요란한 소리 들려오네,
산이 흘리는 눈물
마시려는 열광에 사로잡힌
동물들 몰려온다

. . . .

밤 내리자 바다는 보이지 않고
산 내려가야 하니 역겹고 침통한 마음...

(두 날개!... 날개가 있어 날 수 있다면...!
오늘 오후

봉우리에서, 날개 단 듯,
고요하다 못해 하늘 같아 보이는
바다 위에 펼치고 싶었네!)

내 등 뒤 녹지 사이로
마치 에메랄드 꿰듯
은실처럼 흐르는 강줄기...

둥지

산속의 새 한 마리
나무 구멍에 둥지 틀었네
음악 심장 품은 듯
아침마다 나무 가슴에서
노랫소리 울리네...

그 귀여운 새
이슬 한 모금 먹으려고
꽃 내음 마시려고
구멍에서 모습 내보이면
나무에서 심장이 노래 부르며
튀어나오는 듯하네...

시월의 바람

(모닥불 옆에서)

아마 돌아오지 않을 거예요...
산 중턱에 먹구름이 더는 보이지 않고
연 날릴 수 있는 시월의 바람이 벌써 불잖아요
며칠 지나면 나를 데리러 온다며
떠난 지 어느새 일 년인데
어찌 아직도...
                                  그렇지, 아가?

저기 텃밭 옆에 짚으로 짓다 만
덩그러니 문 닫힌 오두막집이나,
야생 풀에 뒤덮인 오솔길 볼 때마다
기쁨이 떠나간 지 오래된 이 가슴
물어 뜯기듯 아프고,

새가 떠나서 외롭고 따스함이 그리운
둥지처럼 느껴져요

아무도 그런 말 안 하지만
그이는 돌아오지 않을 거예요
새벽에 저기 보이는 산 너머
샛별이 꺼지더라고요,
그리고 내 희망도 같이 죽어가는
불길한 느낌이 들었어요

이제 밖을 내다보는 것도 귀찮아요
시월의 바람이 분다 한들
이 아픔 달래 줄 생각 없으니
달라지는 것 없고...
문 좀 닫아 줄래요
손이 시리네요,
왠지 모르지만...
요즘 바람이
구슬프게 부는 것 같지 않아요?

                                  유난히 시월에는요...

날개

그녀를 보러 갈 때마다
금쪽 이야기 나에게 들려주며
꽃잎에 머문 아침 이슬처럼 청순한
삶을 살던 노파...

어린이와 푸른 하늘 사랑했고
언제나 소박한 차림에
가방 속 그녀의 옷에서 풍기는
바질과 계피향...

이른 아침 노파와 비둘기가
안마당에 뿌려 준 꽃잎에
나는 거의 매일 나무 아래
꽃내음 속에서 잠 깨곤 하였네...

밤 내리면 등잔불 빛 아래에서
성심 담아 기도하는 그녀의 모습에
창 너머 지켜보던 달이
기도문에 실린 그녀의 영혼 보았네

그러던 어느 날 밤... 내 친구 보이지 않고!
"몸이 안 좋아", "아프고"
"지쳤고", "말이 없고", "너무 고달프고"...

"위독한데..."
중얼거리며 진단하는 의사
그 노파가
지칠 대로 지친 날개라는 슬픈 사실
그때야 나는 알게 되었네

선한 백발이 마치 백합 같아 보인
그녀의 마지막 가는 길에
오로지 밀랍 초 네 개...

꽃 나룻배

더 신선하고 더 맑은 공기
모든 게 모든 게
수정에 그려진 듯한 마을

부드럽고 흥겹고 애잔한
새들의 지저귐은 속삭임...
저 먼 산
사파이어 너머로 보이듯 파랗게 물들고...

싱그러운 꽃내음
적적한 오솔길 달래고
타미린드에서 시저귀는
끌라리네로*, 흉내지빠귀, 귀비둘기

우거진 푸른 사탕수수밭 사이로

드문드문 보이는 오두막집
땡볕에 달궈진 기와,
산 바라보는 난간 앞에
은은한 그늘 드리우는 레몬 나무들

갈색 피부의 새침한 시골 소녀
네 앞에서 나는 가슴 부푼 몽상가
네 모습 볼 때마다
난간에서 장미가 뭉게뭉게 피어나듯
그토록 하루가 아름다웠네!...

갈색 피부의 감미로운 시골 소녀...
네 사랑은 꽃 나룻배
내 사랑은 그 나룻배 띄우는
강 되려고 그지없이 흘린 눈물...

오두막집 그리고 샛별

언젠가
네 마음 열어 주면
우리 둘 같이 살 수 있는
보금자리 지을게

네 사랑, 우리 집, 나무 한 그루,
개 한 마리, 저 멀리 야산, 끝없는 하늘
그리고 꽃 핀 커피밭...
뭘 더 바라리?

딱총나무 향기 속
흉내지빠귀 지지귀고
새들과 덩굴풀 비추는 개울

다름 아닌 이런 게

우리처럼 소박한 사람이 원하고
우리처럼 소박한 사람이 사랑하고
우리처럼 소박한 사람이 아끼는 것...

나의 운문과 너의 키스
그 외 것 부질없고...

'사랑해' 한마디
꽃내음 넘치는 오솔길
야산
오두막집
샛별
뭘 더 바라리?

소녀의 죽음

"어느 날 물 길으러 갔다가 죽었어요...
속치마에 핏자국이 있더군요."

더는 새벽에 눈 비비며 오지 않을 소녀
언덕 옥수수밭에서 지저귀는 비둘기들만
꽃 핀 뜰 가끔 들르듯
날개 적시려 내려온다...

물웅덩이 맴돌다가 모두 떠나고
근처 농장에서 들리는 낮은 소리뿐
흔들리는 나뭇가지에 고요한 아침 동요하고,
시든 꽃과 잎 비 되어 천천히 내린다

하늘 담은 물웅덩이
산속의 비 나뭇가지 벗겨

너의 베일 만들었네
하늘만큼 푸르고 깊은 너
샛별만큼 반짝이고 맑은 너

검푸른 눈동자의 소녀
네가 세상 떠난 뒤
네 어머니
꽃 내린 물웅덩이 떠나지 못하고
맑은 물에 반짝이는 샛별 보며
네 눈 떠올린다

물 길어 올 사람 없어
네 초가집 덩굴풀 마르고
아침마다
시든 꽃들 늘어난다...

저 멀리...

얘야...
흐린 달빛에 잠긴 네 밭
네 갈색 흙
네 숨결에 고개 들고
고개 떨구던 저 산의 버찌들,
네가 미역감고 맨발로 지나다니던 오솔길...
이렇게 마음이 아릴 수가!...
빛이었던 네가 없는 네 밭 어둠에 잠기고
또 하나의 십자가
네가 떠난 뒤 묘지에 세워졌어...
네 행방 알 수 없다고
어느 날 사람들이 말하고
고통에 겨운 네 어머니
땡볕에 텃밭 헐벗는 여름에
눈감지 못하고 숨을 거두셨어...

순박한 이들의
꿈의 날개 태워버리고
자신의 네온사인 속으로 모든 것
집어삼키는 불덩이…
바로 그곳이 도시라는 것
네가 알리 없었겠지…

소의 눈

그토록 슬픈 눈에서
결코 눈물이 흐르지 않다니!...

노을이 그들을 어루만져도
밤하늘의 별이 지켜보아도
나뭇잎 그늘이 보듬어도...

꽃 핀 커피나무 사이를 지나
마을에 올라갈 때도...
속삭이며 숲속에 흐르는
냇물을 바라볼 때도...

항상 뜬 눈으로
무엇을 생각할까?
언제나 방황하며

슬프고 막막한 우수에 젖어
무엇인가 호소하는 듯한 그 눈!

언젠가 꽃 핀 동굴로 가는 샛길에서
마치 잃어버린 자유라도 찾는 듯
한동안 절실한 눈빛으로
땅바닥 내려보는 소 한 마리 보았네...

그리고 나무 밑에서, 큰길에서
짐을 끌면서, 맑고 깊은 협곡에서,
끝없는 평원에서, 보랏빛과 적색 빛
노을 속에서도...

한때 이 땅의 주인이었으나
이제는 노예인 그들의
오늘도 슬프고 방황하는 눈!
어찌 그토록 슬픈 눈에서
결코 눈물이 흐르지 않다니!...

텃밭

금빛 오렌지 나무 아래
꽃 내음 넘치고
굽어지는 길에 봄 소리 가득히
흐르는 바람

이른 아침 햇살에
느릿느릿 소 지나가고...
말 타고 우리로 향하는
더럽고 꼬질꼬질한 일꾼

낡은 문 옆에서 갓 짜낸
우유 항 거품 항아리에 넘쳐나고
쓰다듬는 햇빛 아래 한 줌의 금가루 뿌리듯
신선하고 산들대는 오렌지밭...

푸른 잎 사이로 짚 지붕 오두막집
그 옆 푸른 덤불 사이에서
버스럭대는 억새 빛 대나무

저 멀리
비단결 바람에 흐느적대며
오묘한 노래 흥얼거리고
깃털 장식 뽐내는 사탕수수

언제
저 멀리 펼쳐진
티 없는 에메랄드빛 숲...
그 사이로 보이는 야산 하나
그 자락에 기지개 켜는 야자나무
바라볼 때만큼 마음이 아늑하리?

마을의 오후

오늘 같은 1월의 오후는
네가 망각에 내팽개친
순수한 그날의 오후가 아니야
지치고 추억에 병든 슬픔
그날의 풀밭에 드러누웠어

그래도 한결같이
숨김없는 아름다움...
낡은 종탑과 울긋불긋한 담벼락
좁은 길가에서
두 팔 벌려 가난함 보듬는 아마떼*

우거진 나무 사이사이 집들
비단처럼 흘러가는 오후에
고요함 깨지 않는 마을의 숨결

...나 뭘 바라리
나 자신마저 버린다
네 그림자 뒤쫓는
지루하고 긴 여정에
소멸하는 내 혼신...

끄리오쟈*의 눈동자

누구는 맑은 피부
누구는 햇볕에 그을린
흙처럼 갈색 피부...
엷은 노을 머금은 입술에
동경 스민 짙은 눈동자의 끄리오쟈...

서글픈 기타의 선율에
꿈으로 물드는 그녀의 눈동자
뜨거운 가슴 짓두들기는 심장
기타의 서글픈 선율에...

잠 못 이루는 달빛 어린 밤
아마떼 어두움 아래
강 물결 일렁이는 그녀의 눈동자
달빛 어린 잠 못 이루는 밤에...

일요일 가까운 성당 갈 때마다
짙은 올리브색 눈의 그녀
집요한 따리와 사랑에 성가시고
일요일 가까운 성당 갈 때마다...

잠 못 이루는 달빛 어린 밤
나지막한 기타의 선율에
올리브색 눈동자는
슬픔에 잠긴다
기타의 나지막한 선율에

마을 풍경

우거진 나무
여기 불쑥 저기 불쑥
얼굴 내미는 언덕들 사이로
다닥다닥 붙은 하얀 집들
청순하고 부지런한 처녀들...

고요한 마을에
산 너머 붉게 아침 웃음 지으면
오래된 성당 종탑 정겹게 울린다...

복도에 있는 해먹에
손주 잠재우는 할머니가 사는
온유하고 잔잔한 마을...

하늘 맑은 4월에 우는 매미들

너울거리는 모닥불 옆에서
기타 선율이 박자 맞추고

맑은 물처럼
존재 온화하게 흐르고
순수의 날개를 단
산뜻한 바람 부는 평온한 곳...
....

온유한 망각이
그래, 온유한 망각이
장미 망토로 아픔을 덮는
새 둥지처럼 연약한 이 마을들

어찌 이리도 마음이 끌리는지...

폭포

한여름 뙤약볕
나비 날개에 매달린 가냘픈 기생충
꽃단장한 꼬나까스떼* 그늘에
붉은 풍금새들

우거진 나무들
하늘
덤불 그리며
강물 흐른다
때로는
아침 이슬 진주로
수놓은 은빛 띠인 듯
반짝이며

흥겹게 흥얼거리며 흘러가다가

낭떠러지에서
질풍노도의 둔탁한
소리 흉내 내 보고

수정 조각 사이사이로
햇무리 요동치고
아찔한 굉음 떨어지며
하얀 거품 태풍
나무에 몰아친다

달빛 어린 오두막집

네 이마에 내리쬐는
금빛 비 아래
시구절 꿈꾸며
고즈넉한 길 거닐다가
통나무에 마주 앉아
잔잔하고 수정 같은 네 눈에서
나를 발견하고...

샘물 찾아 소 모는
농민이 네 아름다움에 감탄할 때
네 눈이 초저녁 하늘에 뜨는
샛별보다 더 온유하다고
내가 자랑하리

너는 수줍게 미소 짓겠지

나중에 우리 오두막집에
달빛 들어서고
우리를 반기는 강아지…

너의 무르익은
커피 열매 입술
내 여인의 입술
그렇게
달빛 어린 오두막집에서
'사랑해' 꿀 한 모금
네 입술에서
내 입술로 스며든다

귀가

나른한 오후
비좁은 우리 응달에 몰려드는 가축들
우직한 어미 소 느긋이 음매~ 하고
바위에 콧김 내뿜는 예민한 송아지...

가시나무 사이로
달궈진 벼랑 흐느적대고
그 너머로 펼쳐 보이는 아마떼
자개 빛 하늘에 머뭇머뭇
피 물든 원반 그리며 저무는 해

흙바람 이는 외진 길
종탑 소리
숲의 속삭임
수소의 포효 널리 퍼지고

가벼운 노래 흥얼거리며
아리따운 처녀들 샘터에서
농가의 품으로 돌아온다

불꽃 나무^{*}

붉디붉은 꽃들
마음이 꽃 되었나?

나무가 입술이라면
뜨거운 키스
헤아릴 수 없을 입술이리!

곱디고운 노을옷
신(神)이 너를 아끼시어 내리셨네

내 땅의 나무여...
하늘은 네게 둘도 없는 친구이고
나는 네가 주는 영감에
진심으로 고마운 마음...

노을의 정원에서
잠시나마
너의 가지들이
저무는 태양 품는 줄 알았네....

먹그림

끼아로스꾸로*, 강이 노래하다니!
이슬 머금은 잎은
마치 눈물 흘리는 푸른 눈동자

어쩜 이런 천상의 소리 들릴까!
바나나밭과 들비둘기의
숙덕거림!

뽐내는 야생물
하나하나가 감흥이요
속삭이는 멧비둘기는
날개 딜린 마느리갈*

야자나무꽃 필 때

촉촉한 텃밭 풋풋함과
4월의 매미 가슴앓이 기도할 때
아련하게 감도는 어린 시절의 온유함

분홍빛 남색 빛 섞인 하늘 아래
평원에 떨어지는 고엽처럼
산들바람 날개에 흐느낌 싣고...

야자나무꽃 필 때
오두막집 다정한 속삭임 들려주며
강물 곤히 잠재우고...

쓸쓸히 저무는 해가
금빛 물들이는 수풀 사이로
매미들 탄식하며 눈물 흘린다

새벽

동이 튼다... 저 멀리
날개 퍼덕이는 구슬픈 수탉
마을 뒷산 하늘
옅은 장밋빛과 주황색에 물들고...

야산 등선 긁는
농장의 늘씬한 나무숲
산길 도랑의 돌에 걸려
비틀거리는 갈길 바쁜 수레...

초원이 깨어나고
농장 미딩에
요란한 송아지 소리에
기쁨 솟고

지저귀는 끌라리네로 소리에
숲들 잠에서 깨어나니...
완성되는 한 폭의 풍경화

내 땅의 화산

마치 붉은 꽃잎 느닷없이 내뱉는 듯
네 봉우리 너머로 보이는
석양의 마지막 내쉼...

평원 양탄자에 자리 잡은 푸른 항아리
향기 대신 섬광 품은 장미
하늘이 네게 내리셨고...

고요한 시간 때
노을 지면 네가 장미 꽃다발인지
별 뜨면 네가 백합 가득한 항아리인지
내 열광 희롱하는 너

네 속의 화염 토하고 불똥 치솟고
네 입에서 수많은

카네이션 강줄기 뛰쳐나올 때
비로소
아무리 고귀하고 아름다운 척한들
네가 꽃부리 담은 항아리 아니라
핏빛 거품 왕관 쓴 비극적인 너울이고

광활한 초원
검은 꽃밭으로 뒤바꾸는 네 용암에
어두운 앞날 나를 덮치니
어찌 기쁘리...

네가 데이지꽃 내뿜는다는
환상에 빠지게끔
셀 수 없는 별하늘 아래
온유하게 앉은
그런 네가 보고 싶다

십자가

말없이 암울하게
강으로 향하는 그의 모습...
얼마 뒤 누군가
강 근처에 박은 삼나무 십자가...

강 근처
일꾼
그녀
다른 남자
물러서지 않은 두 사내...

가엾다 일꾼...
오두막집에 홀로 남은
가여운 할머니도
어느 날 오후 잠드셨고...

성수 같은 할머니 말씀 따랐더라면...

오늘도...
겨울이 적막하게 흐르는
넓고 삭막한 길가에
달래지 못할
비탄을 품은 밤
오두막집 앞 서성인다

흰옷

오두막집 문턱에 서 있는 마리아
한낮의 커피밭 그늘만큼
짙은 그녀의 눈동자...

도시 청년 이야기에 꿈꾸고 설레며
앞치마에 옥수수 까면서
사랑의 향기 피우는 그녀...

오두막집 감싼 달빛 아래
물 고인 우물과
강물에 흰옷 펼치니

강물에 담긴 별 쪼는
옆 동산 비둘기 떼
흰옷 같아 보인다

오두막집의 숨결

야생 수채화

숯덩어리 조각한 듯 검디검은 수소

풋내 넘치는 숲속
비탈길도 꺾지 못하는 도도한 풍채...

금빛 속에 까무러지는 오후
왁자지껄한 까치와 앵무새

다색 치장하고 수많은 아름다움
숲속 모두 중얼거리고...
숲속 모두 우쭐댄다...

덩굴풀에서 금빛 꽁지 새 튀어 오르고
꽃부리 사이로 보이는 잔잔한 연못

향기로운 꽃 위를
꽃처럼 날다가 사뿐 앉는 나비

순간 도도한 수소 움직이고
어두움 속 섬광 같은 눈빛...

숯불 같은 눈빛 무언가 노린다!

멀리서 둔탁한 잔걸음 소리...
구아버"에서 날아오르는
비둘기 두 마리, 개똥지빠귀

뒤돌아보는 수소
검은 이마에 번쩍이는 핏빛 저무는 해

무성한 잡초 사이에서
칼날 같은 네 개의 뿔 겨누고
다가오는 얼룩 수소 누렁이 암소...

격렬하게 치닫는 검은 수소
뿔 날 부딪치는 소리에 소스라치는 허공...

들이받기에 들이받기
노호에 노호
숨죽인 숲 귀 기울이는 숲...

둘 중 한 놈
커다란 붉은 카네이션
가슴팍에서 치솟고 꼬꾸라질 때까지...

검은 수소 머리 치켜들고
돌 언덕 씩씩대며 내려간다

시끌벅적 수풀 사이로 보이는 하늘
금빛 점멸처럼 날아가는 칠또따[*]...

고요함 속에 떠도는 노래의 메아리...
웅덩이에서 소멸하는 먼 저녁 노을...

길가의 나무

길옆 진초록 펼친 너그러운 가지
고뇌 속 한 가닥 온정 같은 나무 한 그루...

길 떠나는 파랑새 쉬어 가게
시원함 내주고
뙤약볕 난폭함 아래 녹는 평원에
온유함 숨 쉬는 곳...

평온의 나무
멈춘 평원의 신성한 정적 속에서
간간이 노래 들려준다...

신비스러운 아마떼
네 덕분에 내 마음은 해맑은 둥지
너의 가지는 펼친 날개...

망아지들

야생미(美) 성급히 드러내며
달려오는 망아지 무리
아직 창백한 분홍빛 아침 하늘 아래
실바람과 겨루듯 거침없는 내달림

고요한 아침 풍경에 날아다니듯
바삐 내달림에 뒤로 멀어지는 마을
눈에서 집들 흐릿하게 사라지고

달아나는 놈들
저들 뒤쫓는 일 무모하다는 듯
저 먼 지평선 딘숨에 넘어가니

올가미로 바람 가르며
거세게 뒤쫓는 몰이꾼들

날개 달린 그림자처럼
보는 이 눈앞 스친다

일상으로

알록달록 셔츠* 걸치고
방금 맑은 물웅덩이에서 빨아
달라붙은 바지 차림에
흥겨움에 젖은 농부들 돌아온다...

낡은 가죽 허리띠에는
칼집에 넣은 마체떼*
건장한 어깨에는
물건 가득 찬 자루

해 질 무렵
은은한 광채 아래
신발도 윗옷도 없이
농부들 논밭으로 돌아가고

저 멀리 울퉁불퉁한 길
뿌연 먼지 사이로
소박한 수레 행렬 멀어져 간다...

고갯길

이제 곧 고개 넘어
아침 맑은 공기처럼 풋풋한
그녀가 오는 길
샛별이 비춰주었으면

오솔길에서 누군가를 부르는 목소리
저 아래 수군대는 골짜기
숨 가쁜 물결의 하소연
산속 고요함에 묻히고...

호리병박 항아리 머리에 이고
본명축일에 그에게 선물 받은
무지갯빛 숄 허리에 묶고
걸어오는 그녀...

동이 틀 때까지
두 그림자 엉키고
마법처럼 하늘에 별들이
하나 둘... 지워진다

야산의 아침

장마철
초록색 두툼히 입은 땅
가지 사이로 푸른 하늘은 드물고

초원의 오두막집 아침 밝은 빛에
여느 때보다 더 하얗고
기지개 켜는 대나무
하늘에 키스하는 골짜기의 덩굴

'하늘에 키스하는...' 그래
고요한 계곡의 벽계수
꽃잎 시이에 숨은
하늘 아니고 무엇이리...

좁은 산길에 산들바람 부니

어느새 8월이 지나갔나 보다!

한참 왔는데 아직도 갈 길 남았으나
밤새 내린 비 덕분에
밝아오는 싱그러운 아침

평온한 오두막집 개들 나를 맞이하고
뒷산에서 쏟아지는 고요한 내음에
내 가슴 벅차다

산 내음 분지 내음 언덕 내음
넘치는 사랑의 노래 실은 바람
소리도 향기도...
내 귀에 내 가슴에
더는 담을 수 없을 만큼 풍만하여라!

흰색 집

벼랑에 핀 백합처럼
저렇게 하얗고 소박한 오두막집은
달빛 아래 하늘 날고픈 비둘기...

함지땅의 그 어떤 피조물
달빛 젖은 오두막집보다
더 희지 않으리...
새벽 비단결 빛에
하늘 계단 오르는 듯하고...

저 높이 높이
높이 오두믹집...
아침 부스럭거릴 때
하루가 오두막집 손잡고
뒤따라오는 듯...

더 가까이...
하늘에서
더 가까이 있고 싶은 마음에
나, 저 높은 곳에 갔었네...

별 흐르는 강

적막함 깊어질 때
천연의 고요함 깃든 둥지로
돌아오는 새 한 마리
싯누런 해
저 멀리 지고
빛 담아 떠나는 나룻배...

금빛 어스름 번지는데...
스스러운 황소의 눈동자
왜 그리 슬프고...
장미꽃 노을에 둘러싸인 하늘
어찌 그리 푸른지...

인생이란 수수하지 않나!
그냥 불타는 오후의 어루만짐에

영혼 기댈 수 있으면 그만이지...

흐르는 수정 같은 강물에
반짝이는 오후의 별 바라볼 때
떠오르는 내 생각...

꽃 핀 사탕수수밭

어느 날
저 아래 파도치는 사탕수수밭
(그 바다에 나는
상상의 돛 펼치고 노를 저었지)

바다는 거품 화관 쓰지만
사탕수수밭 만개한 꽃들은
에메랄드 칼에 달린 깃털…

산에서 내려와
사탕수수 사이에 숨어서
유문 하나하나 피우는
바람은 사악한 아이

인간은 믿을 수 없지만

칼을 품고도
자기 꿀 훔치게 둘 만큼
너그러운 사탕수수

들뜬 인부들
시끌벅적한 농장
압착기에 으스러지고 으깨지면서
달콤한 눈물 흘리는 사탕수수

세레나데

이쪽은
달빛 젖은 집들
저쪽은
어두움에 숨은 집들...
길모퉁이 흐릿한 가로등 아래
먹잇감 뒤쫓는 고양이 한 마리...

고요하디고요하고
옅은 안개에 흐린 저 먼 야산
어렴풋한 종탑의 깜빡이는 유리창
산마다 떠도는 방랑의 기운...

은빛 어린 흐릿흐릿한 불빛
마을 지나가는 속삭임에
밤 아늑함 깨지고

저 먼 산에서 들려오는 소곤소곤
저기 수탉 울음 사이사이로
투덜대는 마림바 소리 울려 퍼진다

치츤떼뻭

어디선가 외로이
뭉게구름 너의 머리 맴돌면
너는 낮이 꾸민 궁궐의
흰 장미 담은 푸른 꽃병

그러나 밤이 오면
고요함 속에서 음울한 지붕
덤덤히
차갑게
받드는 거대한 기둥...

하지만
제우스인 마냥
느긋하고
근엄하게

꼿꼿한 너의 풍채

도끼에 찍힌 고래 등같이
두 갈래 난 네 산비탈

그러한 너를
편히 바라보는 것만큼
아름다운 것 어디 있으리!

오월의 십자가

파란 초롱꽃 뒤덮인 초원
금빛 열매, 잔잔한 노래
나무 십자가 치장하고...

그곳 덩굴풀 사이로
꽃 핀 이름 모를
나무 한 그루와
지난밤 내린 눈물 같은 이슬
파르르 떠는 아마떼...

재잘재잘 새소리와
보석 같은 오월의 햇빛 아래
수레들 지나가는 길 건너
십자가 하나 있었지...

그렇게나마
새와
강과
바람과
나뭇가지가 추모하고
햇살이 도닥일 수 있게끔...

달빛 담은 물결

깊어 가는 밤 정적 깨는
떠돌이 새 한 마리의 절규...
방황하는 소리 바람 타고
내 쪽배에 들려오네...

저기 오두막집에서 들려오는 듯한
어느 농부의 슬픈 사랑 이야기
말 못 할 아픔 엉긴 비탄에
밤은 더 감미로운 서러움에 빠지고...

슬픔에 잠겨 하늘 우러러보니
우거진 나뭇잎 사이로
깜박이며 보이네
내 쪽배는 정처 없이 흘러가고...

속삭이는 물결
내 슬픔 수그러들고
수은 빛 너울거리는 호수 물결에
참을 수 없이 고요한 밤이여!

타마린드 그늘에서

타마린드 고목...
그 그늘에 달구지 세우고
한적한 오후에 사랑의 시간
그리워하는 소몰이꾼...

지친 소몰이꾼 여린 마음에
금빛 옥수수밭 소곤대는 소리
저 먼 산들
보랏빛 노을
슬프게 아프게 떠올린다...

자신 맞이할 감미로운 키스
사랑하는 여인이 기다리는
소박한 집으로 돌아가고픈
가엾고 슬픈 소몰이꾼...

울려오는 성당 종소리에
떨리는 두 손 가슴에 얹고
저 먼 산 꿈꾸며 눈 감는다...

나뭇가지 사이로

덧없는 오후
비단 깃털 새 한 마리
널브러진 나뭇가지에서 쪼고...

벼랑 위를 나는 티 없이 맑은 두 날개
묵주 들고 기도하는
너의 하얀 두 손 같아라...

어떤 염원 있길래
마음 한구석에서
하늘의 환상 아래
환상의 하늘이 저무는지...

벼랑 위를 나는 두 날개...
나에게 이별 인사하는
너의 하얀 두 손 같아라...

강

고수머리 빗는 물결에 꽃 핀 가지 엮이고
단백석, 사파이어 다이아몬드 화환 같은
연한 덩굴풀 떠 있네

짙은 커피밭, 낭창대는 야자수밭
두 형제 그늘 드리우고
숲속 둥지에서 지저귀는
이름 모를 새가 들려주는 자장가

계곡에 진주 쏟고
물구름 오로라 부채 펼칠 때
지빠귀들 청명한 콘서트 울리고...

아침 해 뜨면
바위에 빨랫감 후려치는 굉음 속에
세탁부들 노래한다

마낄리수아

꽃 활짝 핀 마낄리수아
우거진 가지 사뿐 떨자
해 질 녘 하늘에서
바람 타고 무지개 비
바닥에 내려 쌓인다

숲속 새들 나지막이
아쉬움의 전주곡
꽃 둥지에서 지저귄다...
동화 속 나무처럼 노래하니
신비스러운 나무

꽃향기 가득한 고요함 속
저무는 해 남은 생기 내뿜을 때
멈춘 여행길 다시 오르는 새들

· 애잔하게 ·

파란 오후
마낄리수아 사이로 번득이고
그늘에 나무 계속 꽃 눈물 떨구고
회오리 불 때
하늘 높이 샛별 보인다

못

잠든 채 매일 아침 맞이하는
평온한 수면
푸르디푸르러
백로가 두 하늘 사이 나르는 듯!

온유한 못가의 아침...
야자수 너머로 노을
쪽배, 노 두 개, 투망

못가에 사뿐 내려앉은 백로...
겹겹이 쌓인 거품 같은
하얀 깃털 펼친다...

음메

워~ 워~ 굼뜬 소 떼 독촉하는 소몰이꾼
시원한 물 찾아 뒤로 빠지는 한 마리...

느긋이 물 마시며
향수 분무처럼 떨어지는 꽃
꼬리로 쳐내고
물에 비치는 저 먼 하얀 예배당...

길마에 고삐 내리치는 소몰이꾼
지친 소 떼의 묵묵한 발걸음 재촉하네...

이제
오로지 흐르는 물소리
적막 속에 드문드문 음메~
저 멀리서 바람 타고 온다

항아리 이고

불볕 쏟아지는 낮잠 시간
잠잠한 덤불 사이 파고드는 무더위
광활한 초록빛 사바나에
화덕의 하품 같은 뜨거운 바람 분다…

저 먼 강으로 가는 길
숲 주변에
엄마 품 같은 옅은 그늘,
풍성한 산형꽃차례 야생 뽐내고
난무한 덩굴풀 에메랄드빛 꾸민다

께살떼뻭*

단테 풍의 밤...
고요함 찢은 천둥
야생 망아지 어둠의 심연으로 뛰쳐나가고...

잔잔하던 하늘에 광기의 섬광
하늘 불타듯 불길한 빛 세상 뒤덮었다

산은 천 번의 경련에 시달리고
붉고 이글거리는 본질
고통의 슬픈 밤에 모습 드러내며

열린 상처에서 굶주린 용암
탐욕에 불타는 뱀처럼 흘러내렸다

라마떼뻭▪

시구아떼우아깐▪에
우뚝 선 산들의 어버이
봉우리에 맴도는 천둥은
포대기에 감싼 하늘 잠재우는 소리

으르는 높이... 맑은 하늘은
구원받지 못한 키클롭스의
웅건한 어깨에 걸친 겉옷이려나

거대한 파도처럼 치솟지만
그의 목구멍 동굴 심연
ㄱ 어떤 울림도 없고...

백 년 넘은 침묵에
마치 자비로운 무아경에 박제된
바위 키클롭스 같아 보인다

온화함

어머니의 손

어루만지고 포근하며
이 세상 둘도 없는 순수하고
자비로운 어머니 손...
아무 바람 없이 마냥 베푸는
신성하고 사랑을 이루는 손!
방황과 고통에서 자식 보호하고자
그들 손의 가시 뽑아
온전히 당신 품에 끌어안는 손!

억누른 쓰라림 북받쳐 오를 때
마음 달래 주는 신선한 백합
삶에서 내 꽃 시들 때
기적 같이 고뇌 잠재우고
불행의 폭풍 거세게 몰아칠 때
평온히 감싸는 두 날개...

내 마음 응달에서 별 피게 하는
천상이며 기적 같아라!
아플 때 보듬어 주고
괴로울 때 기도 올리는
유일하게 정성 어린 손!
(영원히 맑은 백장미
어머니 손보다 맑으랴)

꿈의 날개 꺾이어
말 못 할 번뇌
마음속에 뿌리박을 때
내 가슴에 놓인 어머니의 두 손
내 마음 어루만지는 아늑한 날개!
슬픔 잊게 하고
정겨움으로 감싸는
어머니의 손!

순진한 소망

그때는 장밋빛이었지...
마당에 핀 산 안드레스 꽃*
집안의 고요함 금빛으로 물들이고
못에는 파르르 떠는 별들...

세상이 꽃 가득 차고
별 넘치는 못 있는 마당이라 여기고
저 먼 산을
하늘 짊어진 거대한 어깨로 보았네...

언젠가, 따스한 침실 어두움 속
고통의 성보상 앞에 촛불 켰지...
내 궤에 재물 쌓이기 빌면서

(창백한 성모의 슬픔에 젖은 눈을
보기 괴로웠으나

· 애잔하게 ·

작은 새 짓궂은 장난으로 죽였을 때
기도하고 용서를 구했네...)

훗날...
순진한 마법 시들고
동화 같던 시절 나날이 바래자...
삶이란 꽃 가득 차고
못 있는 마당 아니어서
성모상 앞 기도 그쳤지...

열다섯 살,
그리고 성모송 읽고
며칠 동안 몸져누웠고 눈물 솟았네
에브라임이 되고픈 서글픈 갈망에

열린 창 넘어 밀려오는 지난날의 기억들
(아! 묵묵한 나의 마당 가득 메운 새들
그리고 큰 파란 손수건 같았던
소박한 창틀에 담긴 하늘 한 폭...)

헐벗은 마음

모든 것이 덧없었다는 예감에
모질게 들이닥치는 고뇌!...
(그녀의 행운의 꽃
돌바닥에 다치지 않게끔
장미 꽃잎 내 손으로 뜯었네...)

내 마음 헐벗어
담쟁이덩굴처럼
망각의 장벽에 펼쳤지...

이대로 나 내버려 둬...
평온 깨지 않으려
그녀 곁 태양 되지 못하면
별이라도...

그녀의 평온 깨지 않으려

이 갈망 내 영혼으로 감싸
곤히 잠들게 하리...

나, 자국 남기지 않는 헐벗은 탄식,
이제 다른 그림자 뒤따라
떠나는 그림자 되리...

기쁨 넘치는 그녀...
그녀는 리라...
나는 리라를 켜는 부드러운 손
그리고 한숨짓는 바람이어라...

내 정원에 우뚝 선 꽃 탑!
장미꽃 사이에 잠든 마음!
내 마음 돌바닥에 소리나지 않게
헐벗고 길을 가리!...

아련하게

외풍 드센 창가에서
파뿌리 머리카락 할머니의
시시콜콜한 이야기 들으며
수다 떨던 때의 기쁨...

지금은 아련한 그 봄날들
가득 채우던 마귀할멈 이야기!
이생에서 가장 아름다운 시간들
유일하게 쓰라림 없는 순간들...

삶이 동틀 때
장밋빛에 감싸인 속세의 윤곽
마법의 붓에서 하늘색 물감 펼치고

그 시절,
여기 멀리서 바라보네

저 멀리, 멀리
내음
음악
그리고...
꿀밖에 없던
이루 말할 수 없는 정겨운 순간들...

위로

이제 기나긴 나날들!
한때 사랑의 등불 아래
장미 정원에서 입 맞추며 지새운
애틋한 밤들 어느새 사라지고!

한들대는 플루트의 신음 같은 음
피어 넘치던 정원
지금은 이토록 한산하고 고요할 수가!

홀로 남은 이 슬픈 밤
나의 호소에
울지 못해 별 흘리는 하늘

자비로운 위로 내 간절한
희망의 잔에 잔잔한 진주 떨군다

강철

황량한 암벽에서 쏘아 올린 수많은 화살
하늘 아래 다시는 못 볼 혈투에 내몰린 전사들...

원주민의 격렬함, 침략자의 호기
흑요석과 강철로 겨루니
흘린 피 노을빛 강 되어 흐른다

광야에서 이어지는 사투
물러설 곳 없네
저 먼 숲마저 굉음에 뒤틀리고...

하늘 뒤덮는 일식처럼
헤아릴 수 없는 화살 햇빛 가린다...

녹턴

열린 창 넘어 무엇인가 들어온 듯
밤 향기 속 너도 왔네,
그러나 왠지 모르게
네 고상한 모습 환상에 흐트러지고...

내 옆에 앉는 너를 반기며
네 눈 바라보니 눈시울 적시네
(도자기 탑 떠나는 흰 비둘기처럼
내 마음 깊은 곳에서 운문 떠오르고...)

열린 무덤 비추는 달빛처럼
가장 슬픈 밤 향기 속에 나를 찾아오니
깊어 가는 잠 못 이루는 밤...

그러나 너는 떠나고
내가 소리쳐도

어두움 속엔 아무것도...
오로지
너를 찾는 목소리의
애절한 메아리에
냉혹한 현실만 머리 치켜들 뿐...

그때는

어느 날
유유히
말없이 다가와서
마지막 숨 내쉬고 눈 감은 나
앙상한 그의 팔에 안아서
이 땅 깊은 곳에 꼭꼭 숨겨 주겠지...

내가 심은 꽃들 메마르고
점점 식어 가는
노을의 붉은 열정처럼 지워질
나의 사무침과 꿈...

선한 마음에 사람들
십자가 하나
나에게 안기겠지,
해질 때

눈 뜨고 팔 펼치어
나 지켜줄 십자가...

그때는
살아생전 등에 졌던
리라 같은 그 십자가 아니라
십자가 모양의 리라이겠지...

감미로운 만남

무더운 날 단둘이서
내 옆에 너 그리고 햇빛
더할 나위 없어라...
옅은 네 연지 향기의 유혹
느껴질 만큼 가까이서...

서로 바라보니 꿈 같아라...
그 꿈 깰까 봐 달팽이까지 조용히
무지갯빛 화살처럼
비단결 바람 가르며 날아가는 칠도따...

난둘이
인생은 미소 짓고...
그러나
푸르름 속에 다리
금빛 오렌지밭

그리고 나무 비둘기장 보이고...

네 손 잡고
무언 속에 네게 하고 싶은 말
내 손에서 전해질 때까지
다리가 끝나지 않기를
바라는 서로의 마음...

밀서

나와 같은 마음이었을
'모나리자'에게

그토록 고립된 나에게
묵묵히
이 편지에 어린 달빛으로
망각 걷어주는 그녀는 누구인가?

어떤 창백하고 매정한 손이
이런 애정 담긴 글을 쓸 수 있으며
손 닿지 않은 장미꽃 망토 너머
가려진 온유한 주인의 이름 숨기는가?

자신의 편지에 어린 달빛으로
묵묵히

내 혐오의 그늘 걷어주며
그녀 마음 내 마음에 잇고...

저토록 묵묵히
이 편지에 어린 달빛으로
내 망각과 번뇌의 안개 걷어주며
나를 위로하는
고마운 그녀

너

수정 같이 흐르는 강물
달빛이 둥지 튼 옹달샘,
악을 모르는 사물들
벅찬 행운에 말 없는 우리

둘도 없는 나의 연인
아침 햇살 품은 너의 눈
금발에 해 맑은 영혼...
둘도 없는 여인!

너같이 사랑스러운 연인 옆에
나는 둘도 없는 남자이니
삶은 노래이요...

네 눈 내 갈 길 비추고
네 사랑 내 마음 옹달샘에 둥지 트는 달...

목가 (牧歌)

연녹색 레몬 나무 아래 재잘거리며
흐르는 샘물 따라 흉내지빠귀
금쪽같은 마드리갈 지저귀네...

비걱대는 대나무 숲 아래
고즈넉하고 편한 그늘에서
고역 달래며 시간 흐르고...

어서 오렴!
이 울적한 곳의 말 없는 피조물에게
네 열정의 꽃잎 내어 다오...

어서 오렴!
숭고하고 평온한 휴식 속에 우리 영혼들
환상의 푸른 곤돌라에서 엉키어 노 저을 테니까

아기

열린 창문
불그스레 물드는 빛
저 멀리서
사뿐사뿐 아침 밝아오는 소리

흐릿한 꿈속처럼 사물들 모습 드러내고
종탑이 전원 깨우니 텃밭들 기지개 켜네

곤히 자는 아기
베개에 흐트러진 금빛 머릿결
설원 비추는 햇살 같아 보인다

잠꾸러기 아기 천사
두 날개 꼬옥 접은 채...
이 세상 모든 아기 천사
마음에 두 날개 달려있다!

저 멀리 산자락에
만개한 평원 펼쳐지고
맑고 밝은 하늘
하얗게 수 놓는 백로...

겨울

꽃 핀 숲
내음 가득한 오솔길
슬픔에 흐린 아침
맑고 순수한 강물
푸른 야산
우거진 언덕길

....

겨울!
덧없는 유혹 멈추어라
네가 축제에 취한 사이
피조물들
때 이른 새치 같은
시들은 머릿결 빗는다...

옅은 구름
하얗고 하얗고 하얀 백발
봉우리에 엉키고...
겨울
네게 모든 열정 송두리째 빼앗기고
헐벗은 우리

겨울
네 절규에 내 날개 뜯기고
겨울
왜 우는 거니?
무엇 때문에 우는 거니?
기쁨 다시 피어나는
시간 다가오니
어서 가거라!
어서 물러가거라!

아뜰라까뜰[※]

강건한 이두박근 꼿꼿한 자세
전설의 헤라클레스 풍채의 아뜰라까뜰

미지의 숲 두려움에 휩싸이듯
그의 삶 광기의 바람에 시달리고
평원의 나무처럼
쪼개질지언정 벼락 앞에 꿇지 않았네...

바위에서도 꽃 피고
너울이 거품 앞에 겸손해지는
사랑 품은 아뜰라까뜰...

헐벗긴 장벽 감싸는
꽃 핀 덩굴 같은
그의 불굴의 사랑

전경과 향기

원주민 음악

너의 나무 건반
원시림 우거진 잎의 소리 품고
너의 초인간적 속삭임에
전설 잠들어 있네...

꽃 핀 대지의 구슬라*
일찍이 여명 알리는 새
나눔 축제의 환희에 빠질 수 없던 너...

너의 선율에 너의 울림에
전설의 푸른 안개 필 때
심오하고 구슬픈 네 건반에서
더 푸르던 하늘 아래 오후의
길들지 않은 풍경 펼쳐지고
원주민 숨결
숲속에서 우러나는 듯하다

늦은 오후

한 줌 남짓 금빛 햇살
가지 사이로 흘러내리고
빗속 날아가는 새 한 마리...

꿀비 오듯 무르익은 열매 떨어지고
저무는 오후 붓으로 담을 텐데

적시지 않지만 축이는 비
누구에게 이 나뭇잎 하늘에서
노래하는 것 배웠니?

나뭇잎 하늘
붉고 달콤한 열매 한아름...
나뭇잎 하늘이라기보다
꿀하늘 같아라!

안개

안개는 자수(刺繡)...
야산이 걸치고 있다가
벗으면 자기 맨몸 드러나지

수수하게 입은 경치
기도 같은 숲속의 지저귐
그리고 가시 없는 장미 같은 영혼...
신성함이란 그런 거다

어린이와 시인을 위하여
고요한 아침 길과 포치 감싸는 덩굴
그리고 장미꽃 가득 담고
하얀 안개 비단에 감싸인
저 파란 꽃병
자욱하고 먼 곳에 신(神)이 놓으셨네

연못

푸른 연못
도착하는 나룻배에 노래하며
아침 맞이하지만 배들은
덤덤히 푸른 물살 가르고

너나없이 다음 날
잔잔한 연못 떠나고
다른 배들 오가는데
변함없이 노래하는 연못

나, 그 연못
사랑스러운 너
내 고요한 슬픔에 다가와
멍든 수정에 뿌리 내렸네
떠나지 마라, 내 사랑 나룻배
내 가슴 평생 네 장미꽃 닻 품을 테니!

비 내리고

꽃 핀 언덕에
밤새 비 내리고
아침 맞이하는 하얀 별
대롱대롱 매달린 레몬 나무

싱그러운 초원에
워낭 소리 여기저기 울리고
야산 지우며
겨울 안개 지나간다

별 낚시꾼

수백 년의 숲속 아늑한 호숫가
토닥이는 야자수 아래
으르는 천둥소리 들으며 살고 있네

삶의 굴곡 모르고
훤한 보름달 빛에 취해 노래하는
해맑고 선한 낚시꾼

흔적 지우는 여명에
몸 떠는 별들
애타는 호수에 몸 담글 때
낚시꾼 쪽배 타고
호숫가 건너며
별들 잡으려 그물 던진다

이른 아침

창 넘어오는 여명
아! 금빛 아침

창에 담긴 산, 저 먼 곳
모두 내 품 안으로

강길 따라 물놀이 가는 여인들
여명에 젖는 내 오두막집

이른 아침 빛 따라
세련된 오월의 음악
악보 없는 음악
천상의 지저귐
소 울음소리 섞인 신성한 노래

숙덕대는 실바람

텃밭에는 자지러지는 웃음소리

(창 넘어오는 여명
아! 금빛 아침...)

너의 빛
슬픔에서 나 막아주니
금빛 아침이여
좋은 하루 지내라...

너 지나갈 때...

다가오는 너!
벌써 황무지의 적막함 속
차디찬 바람에 병든 새 같이 떨며
연모하는 이 마음!

다가오는 너!
두렵고 시리다!
비수 같은 너의 무심에도
비수 같은 너와의 엇갈림에도
사랑한다고 부르짖는 이 마음!

나에게 화가 났을 리 없는데!
너만의 음색으로 말해 줘
바람 속삭이듯 네 목소리로
나를 어루만지고
네 눈으로 나를 반겨 줘

. . . .

너 지나가면
네 모습
아리는 내 마음에 맴돌며
영원히 순수하고
선하게 내 기억에 남아
이 씁쓸한 고뇌 달콤하게 하리

나
더는 희망 없고 시들어
여느 세상사 속에 떠돌겠지
차갑게, 망각의 눈(雪)처럼
묵묵히, 레테의 물처럼

그날

야산 사이 고즈넉한 농장
금빛 오후 평온한 하늘 아래
베일에 가려 있던 그녀의 영혼 드러나고
꽃향기에 취하듯 그녀의 말
한마디 한마디 들이쉬었네...

저 아래, 버드나무와 사과나무 사이
소박한 리토르넬로 종알대는 새들
얼음 재스민 같은 샛별 아래에서
흰 비둘기들 소곤거리고...

모든 게 사랑과 순박한 누림
그날 오후 세상은 슬픔의 티끌조차 없는
가무이요 온유함뿐...

아, 그러나... 미지의 신기루 속에

내 열정 날개 꺾이고
영혼의 감옥에 잠긴 열망

그녀, 아름답디아름다운 장미 속 진주
거품 꽃받침 속 백합 같은 영혼
연무 속에서 떠는 아마릴리스 날개
하늘에 핀 꽃, 창백한 별

깊은 우수에 젖은 평원에
고요함 내린 어느 오후
영혼에 샛별 떠오르는 듯
그녀의 눈에 기이한 불꽃 타올랐네…

그날 오후
두근대는 따스한 작은 새 같은
그녀의 비단결 봉오리 손
내 차가운 손에 안기고…

저 산 너머 해 질 때
심오한 그녀의 눈에 비친
사랑의 부름 담긴 신비로운 시(詩) 읽었네…

멧비둘기

구구, 구구 애끓는 멧비둘기
네 울음에 미어지는 내 가슴

구구, 구구 부락에 평온 번지고
강가에서 오렌지 나무 야자나무 입 맞추네

강물 가득 찬 항아리
잔잔한 오후에 바라보는 하늘!

야생 백합 같고
젖내와 쟈미 향기의 검은 머리 소녀
삶이 평탄하니 복된 영혼!...

우아한 분홍빛 남기며 잠드는 오후
애끓는 멧비둘기
정녕 너는 날개 단 마드리갈!...

수채화

수다쟁이 야자나무 아래
짙은 그늘 펼쳐지고
눈부신 잎사귀는
정원에 내려오는 하늘 조각들

졸음에 쪼그린 산
월하향 만개한 정원 같은
고즈넉한 백조 몸담은 물감 유리병

하늘엔 벌써
온화하고 묵묵한 샛별 흰 전등 켜고

밤 제단에서
신에게 바치는 신성한 향기
안개 되어 하늘 높이 오른다

아침 풍경

장밋빛 석류꽃인 마냥
동녘 붉은 부채 펼치고
맑고 설레는 분수에 비치는
아침의 첫 홍조...

잎 사이로 요란스러운 매미 울고
저 먼 봉우리
금빛으로 웅대한 붓질하는 여명

잔잔하고 안개 낀 아침
농가의 수탉 클라리온으로
떠오르는 해 맞이하고
투박한 부엌의 연기
구름처럼 망설이다 바람 타고
맴돌며 올라간다...

수탉 우는 소리

깊은 밤... 깜박이는 별들...
졸려서 저런가?
저 방대한 눈빛에서
왠지 다정함 다가온다!

쉿!
밤 어두움 속에서
서로를 찾는 입술이
은밀한 멜로디 연주하듯
조심스레 파닥이는 소리

깊은 밤!
무한한 별들의 표시등 아래
억눌린 입술에서 고통 치솟듯
수탉 우는 소리
어둠의 장막 뚫고 들려온다

오후

서로 가까이
네 텃밭 내음 내 텃밭에 맴돌고
내 오두막집 네 오두막집에서
한숨 거리에...

그러나 대답 없는 물음에
쓰라린 내 영혼...
어찌해서
서로를 잇는 오솔길이
이토록 멀다니...

대나무 숲 사이로 자개 빛 물든 하늘...
외로이 한숨짓는 오후
오늘 네 입술 닿지 않은 꽃부리
내음 풍기지 않고...

갈망하는 이 마음
네가 받아주는 아침에는
숲속에서의 쉼처럼
싱그러울 삶...

네 마음에 없는 나
알다시피
그래도... 나
네가 걷는 길에
향기로운 풀잎 되어 주리...

무언(無言)의 노래

물 젖은 나무들 사이로 산들바람 노래
기와에 떨어지는 빗소리의 론도...
달빛 도금된 빗줄기...

달밤에 비는 내리고
은빛 너울거리는 새장을 나는 새처럼
구름 한 조각 수채화 가로지른다...

달빛 아래 내리는 비
간간이 들려오는 무언의 산들바람 노래
눈물 어린 미소 같은 풍경...

비틀린 덩굴의 냄새
오두막집 구석구석 스미고...
비 내린 초원에 내 땅의 내음 돋는다...

저녁 찬가

하늘이 몸 담근 잔잔한 물웅덩이에
꽃 핀 가지 바닥 내려다보고
비 내린 뒤 꽃 속에 있는 듯
싱그러워...

무성한 풀 사이사이 숨은 물방울
송아지 우는 소리에
정겹게 달래는 어미 소...

골짜기에 새소리 울려 퍼지고
산 아래 보이는
저 먼 희고 조그만 마을 같은
하얀 병아리 떼 개 옆에서 졸고 있네...

넘치는 영감

안개 낀 겨울의 추운 아침
초록 덮인 꼬불꼬불 오솔길
계곡과 자욱한 절벽에서
흥얼거리는 야생의 오케스트라…

우거진 녹림 아래
호른 소리 멧비둘기 지저귀고
수군거리는 숲속의 영원한 보헤미안
슬픔에 잠긴 흉내지빠귀
아픔 호소하네…

바나나 잎에 대롱대롱
목걸이 같은 빗방울
저 너머로
투박한 집
비 젖은 기와…

저 멀고 깊이 얽힌 곳
자갈과 인색한 바위 사이로
강이 머릿결 풀어 헤친다...

전설의 새

칠또따

언제라도 누구라도 듣게끔
사랑의 선율 흘러나오고
달콤 찾아 금빛 오렌지 쪼는 부리

고운 깃털 목에서
은방울 구르듯 노래 흐르고
생기 찬 눈동자 열렬한 날개
햇빛에 무지개 물든 가슴팍

선율의 여제
숨겨둔 맑고즙 간주곡에 달콤함 적시고

공간에 취한 채 머무를 나무 찾아
가슴 벅찬 아침 하늘 아래
날아가는 저 자태…

꾸스까뜰란* 백로

내 땅의 꾸스까뜰란 백로
하늘과 야산 사이에서 사라지더니
물가에서 노니는 모습
강에 내려온 흰 성체인 듯...

파르르 떨며 물에 입 맞추며
한껏 부푼 모습
저 멀리 보이는 마을 풍경 이어가는 듯...

빛 소멸하는 야자나무 숲 찾아
달빛에 젖어 하늘 나는 모습 또한 보았네...

희고 희다 못해
달과 구별 안 되는 너...,

디초소푸이[*]

> 우리 모두 잘 아는 새 한 마리
> 어느 날 정원에서 누림과 갈망 속에
> '나 행복했어'라고 지저귀었네.
> A. Najarro

고즈넉한 풍경에
흩날리는 네 노래는
꺼져가는 한숨...
날아오르는 탄식...
숲 깊은 곳에서 솟는 하소연이라...

새야! 새야!
길들지 않은 네 노래
푸른 아침에
갈대진흙 벽 기와지붕

· 애잔하게 ·

낡은 방에 들어와
네 가여운 사연 전하네...

슬픈 새야
어떤 환멸 있었기에
네 좌절 그토록 서글픈
운문에 담았느냐?

이 땅에서
네 슬픈 노래만큼
간절한 음악 듣지 못했으니!

앵무새 떼

날개 단 구름 노래하며 걸힐 때
잠에서 깨어나는 오후...
날개 구름... 흥겨운 구름 오르락내리락

평원과 하늘 사이에서 멀어져 가는 그들...
하늘 가르는 에메랄드 목걸이...

요란스레 허공에 초록 곡선 긋고
흐느적대는 부채 야자수 숲으로 향할까?
아니, 내키는 대로 어디론가...

멀어지고 멀어진다...
떼 지어서... 점선 모양으로...

그러다가... 나무에서 우수수 잎 떨어지듯
평원에 내려앉는다...

끌라리네로

밤처럼 투박한 깃털
떨리는 나뭇가지에 앉아
아침 드는 오솔길 기쁨으로 채운다...

날렵하고 고상한 끌라리네로
불볕 한낮 되면 맑은 물 찾아
야자수 탑에서 내려오네...

쏜살같이 내려와 날개 적시고
클라리온 울리며
저 멀리 춤추는 옥수수밭 날아간다...

원주민 화살처럼 날고
정복자의 클라리온 울리니
맞선 두 세계 한 몸에 품었네...

백로

지평선 그인 평원에
심취한 소 떼, 농가, 야산,
노을빛 무지개 비치는 호수
나룻배 노에 갈리고

금빛 저 멀리
안개 속에 잠든 뿌연 산등선 너머
옅은 하늘색 오후 아득함에
도취한 백로 떼 날아간다...

섬광,
저 높이 제비꽃 하나 떨어지고
무성한 잎 사이로 드러나는 엽총
천둥처럼 울리는 비정한 총성

벌거벗은 가시덤불에서

후들거리는 날개 젖는
백로의 처참한 꿈에 수의 입히며
앞다투어 어두움 평원 뒤덮는다...

동네의 영혼

소외

웃음
노래
떠들썩한 소리 범벅
피어오르는 변두리
거리에 떠도는 슬픔
물웅덩이에 담긴 달빛
하늘은 수정 백합 핀 정원...

부르는 곳 없는 하녀들의 변두리
홀리는 육체 영혼 순결한 여인들
삶의 비애 나의 괴로움과 엉긴다!
고난의 늪에서 피는 갈색 장미들...

욕정의 흥정꾼들 사랑의 장사치들
억눌린 고통 알 바 있나
자비마저 그들을 외면하는데...

박탈에 주름진 이마
삶이 언제
그들 거들떠보기나 하였나...
그들에게 쥐여 준 것이라곤
고작
병실의 침대
그리고
차디찬 흙 몇 줌...

창백한 소녀

이 식탁 저 식탁
동냥하던 창백한 소녀
어느 아침 동틀 무렵
손 굳었고 심장 멈추었네

누구인지
어디서 왔는지 알 길 없고
환멸에서 우러나던 미소
짙은 눈 그늘에는 암울함의 불도장

소녀 할퀸 굶주림
구름이 지켜보았고
하늘이 알았고...
변두리의 고요한 하늘
별눈물 쏟았네...

창백한 소녀
누구인지 알 길 없고...
애잔하고 무더운 밤
요동치는 개울에
별 떠내려간다...

동네 축제

요란스레 튀는 불꽃
꼬맘* 앞에 앉아 귓속말 주고받는
갓 사귀는 연인들
자지러지게 웃는 아이들
나무라는 엄마들
찐 잎 안에 모락모락
김 오르는 따말*

산들바람에 스카프 찰랑대고
나풀대는 매끄러운 머릿결
높은 발코니 붉은 장식등에서
쏟아지는 빛너울

손수건 같은 깃발들
비둘기 같은 손수건들
깜박이며 날리는 불꽃들

함성 속에 터지는 불장미 폭죽
하늘 찢으며
잠 못 이루는 이들
눈부시게 비춘다

다리

굽어보는 맑고 맑은 밤하늘 아래
슬픔에 몸부림치며 흐르는 개울
남모를 이야기 품은 낡은 다리

열정과 배신 알고 있으리
밤 침묵의 베일 벗기고
어두움 속에서 벼르는 질투
절규 그리고 사악한 웃음 듣고 보았으리

어느 날 밤 칠흑 같은 밤...
낡은 기타 메고 울퉁불퉁 지팡이 두드리며
머뭇머뭇 내딛는 맹인...

그리고 절규,
걱정에 찬 사람들 달려가 보니
기타와 지팡이만 남아있더라

성 목요일

은빛 달 아래 저 멀리
어렴풋한 예배당과 야자수,
맑은 밤에
이루어지려던 꿈들 하나씩 떠나고...

큰 케이폭 나무 옆 예배당
온화한 달빛 아래 비치는 길
누군가 지나가면서
마그네시아 한 줌 한 줌 뿌린 듯...

성 목요일의 고요함
합창하는 여인들 기도하며
망설이는 어스름 깔린 길 지나가니
너울대는 수많은 촛불
금빛 반딧불 강 되어 흐른다...

기쁨 언저리

마을 축제
골목 사이사이
짙은 요란함 돌아다니고
기소* 냄새 밴 바람에 실린
서글픈 기타의 엘레지

나태 부추기는 외딴 구석
뜨거운 심지에서
고약한 연기 모락거리고
어두운 골목에는
큐피드가 화살 준비하고
보헤미안 시인
시든 영감 긁적인다…

탐욕스러운 노파의 퀴퀴한 술집
자욱한 싸구려 담배 연기 속에서

바쿠스를 경배하는 농민들

별 망토 펼쳐진 어느 여름밤
비좁은 골목길 어스름 속에서
손풍금 흐느낀다...

순풍

(Jorge A. Paredes에게)

싸워라,
승리는 강인한 자의 것이니
부숴라,
역경
불운
모짊의 냉혹한 벽을
저 먼 영광
낚아올라 거머쥐어라!

잔재에서 살아 솟는 불씨 되어라
어두움 멀리하고 빛을 품고
가소롭게 빈정대는 우둔한 무리

결코 두려워 마라...

힘차게 날개 저어
하늘 높이 올라
네 영혼이 품은 이상에 몸 바쳐라

그리고...
네 나그네 배의
변함없는 순항을 위하여
순풍만 불리라...!

한결같이

(젊은 시인 Jorge Luis Silva에게)

내 마음 은밀한 성지에서
너를 섬기고
푸른 하늘에 매달린
순수한 금빛 등불 너
내 사색 밝혀주네...

너는 모르겠지...
시간은 변덕스럽지만
내 어두운 삶의 구석에서
너는 묘비에 새긴 이름처럼
변함 없어리...

회의와 세월에 지쳐
어두움과 실망 덮치고
정감과 꿈 메마르지만
내가 애도하는 밤
하늘의 수수께끼 속에서
천체의 맥박처럼
너는 빛나리!...

조화(弔花)

내 영혼 위하여 기도 올리며
슬픔 참지 못해 눈물에 젖어
내 꿈의 마지막 거처
어둡고 외로운 내 묘지 찾아올 때

납골 구덩이˚ 둘러싼
모진 싸리나무 십자가
투박한 통나무
묘지의 정적 두려워 마라...

행여 네 걸음이나 미어지는 마음이
적막함 깨트리면 많은 꽃 너를 반기리...

네 가슴에 입 맞출 그 꽃들
네게 불러주지 못한 소절
네게 보여주지 못한 내 애정 어림이다

해 저물 때

옥수수 알처럼 가지런히 붙은 집들
집집마다 소박한 이들에게
그늘과 열매 베푸는 오렌지 나무

어스름 속 보석 깜박이고
울려 퍼지는 예배당 종소리
눈 끔벅거리는 소
항아리 하나둘씩 모이는 샘터...

세상 어두움에 묻히기 전에
짚 지붕 삐쳐 나오는 불빛
하루가 마지막으로 우아하게 차려입을 때
느릿느릿 샛길로 돌아오는 달구지
왁자지껄, 보랏빛 하늘,
덤불 사이에서 파드닥대는 수탉들...

격렬하게

긴장된 목
넓적한 엉덩이
촘촘한 갈기
거친 숨
벌렁거리는 코
흰 암컷 야생마

힘상궂고 억센 씨수말
포효 산골짜기에 퍼뜨리니
발정 못 견디는 암컷
숨 가빠지고...

뜨거움에 묶인 두 야생
포효 주고받고
햇볕 아래 불꽃 너울거리는 갈기...

정욕 채운 암컷 홀로 남아
귀 쫑긋 세우고
꼬리 하늘댄다...

순박한 영혼

맑은 영혼은
순결한 장미 꽃받침 요람에서
빛나는 물방울
어느 장미가 흘리는 이슬에
담긴 달빛에서 그 영혼 보았네

그러나 강렬한 빛의 어느 아침
그 맑은 물방울 하늘로 되돌아갔네
맑아서 별의 자매이요
찰나라서 꽃의 자매인지...

고뇌하며 찾지 않아도 되네
맑은 영혼은 비록 사라지지만
눈(雪)을 꿈꾸는 다른 장미 비추려고
더 좋은 모습으로 돌아오는
신비한 물방울

· 애잔하게 ·

뜻풀이

■ **구슬라** : 현이 하나뿐인 현악기.

■ **구아버** : 학명은 psidium guajava이며 아메리카 열대가 원산지인 나무. 열매는 맛깔스러우며 새콤하고, 과육과 액즙이 많다. 커피, 오렌지, 파인애플 재배지에 그늘을 만들기 위하여 심기도 한다.

■ **기소** : 국물이 자작하게 끓인 음식. 우리의 찌개와 유사하지만, 기소는 반찬이 아니라 식사의 전식 또는 주식이다.

■ **껠살** : 학명은 Pharomachrus mocinno이며 깃털이 아주 화려한 새. 마야와 아스테카 문명에는 이 깃털을 왕족과 샤먼의 의류 장식용으로 사용하였다고 한다.

■ **께살떼뼥** : 산살바도르 행정구역에 있는 이유로 '산살바도르 화산'으로도 알려진 성층화산. 지질학 연구에 따르면 6만 년 전에 발생한 분화로 높이가 1,000미터 줄었다고 한다. 현

재 돌출부가 두 개 있는데, 그중 엘보께론은 높이가 해발 1,839미터이며 분화구의 지름이 1,500미터이다.

■ **꼬나까스떼** : 학명은 Enterolobium cyclocarpum이며 높이가 보통 16~28미터, 성인 가슴 높이의 지름이 3미터 정도인 낙엽수. 펑퍼진 모양이며 우거지다. 열매의 모양으로 '코끼리 귀 나무'로도 알려져 있다.

■ **꼬말** : 라틴아메리카 가정에서 또르띠야를 만들거나 커피콩 또는 차를 볶을 때 사용하는 판. 오늘날에는 주로 철판을 사용하지만, 과거에는 자재가 진흙이었다.

■ **꾸스까뜰란** : 엘살바도르 중부에 있는 면적이 756제곱킬로미터인 행정구역의 이름. 원래 오늘날의 엘살바도르 서쪽 지역에 거주하던 원주민 부족의 명칭이었다. 이들의 언어로 '꾸스까뜰란'은 '보석의 땅'이라는 뜻이라고 한다.

■ **끄리오쟈** : 라틴아메리카에서 태어난 유럽인 후손 여성을 일컫는 말.

■ **끌라리네로** : (긴꼬리 검은 찌르레기) 학명은 Quiscalus mexicanus이며 중앙아메리카에 서식하는 새. 검푸른 윤기가 흐르는 깃털이 돋보인다.

■ **끼아로스꾸로** : (이탈리아어의 chiaroscuro) 회화에서, 한

가지 색상의 명도 차에 의하여 입체감을 나타내는 기법.

■ **납골 구덩이** : 이베리아 반도에는 (오늘날의 에스빠냐와 포르투갈) 화장한 다음, 남은 뼛조각과 재를 넣은 납골 항아리를 공동 구덩이에 놓고 흙이나 황토로 메꾸는 장례문화가 있었다고 한다.

■ **디초소푸이** : 학명은 Saltator coerulescens이며 아메리카 열대에 서식하는 새. 엘살바도르에는 일반적으로 '디초소푸이'('나 행복했어'라는 뜻) 라고 부른다. 지저귀는 소리가 그렇게 들린다는데, 의견이 갈린다.

■ **따말** : 곱게 빻은 옥수수에 강낭콩, 돼지고기, 향신료, 닭고기 등을 넣은 다음 바나나 또는 옥수수 잎으로 말아 수증기에 쪄서 먹는 음식.

■ **라마떼뼉** : 산따아나 행정구역에 있는 이유로 '산따아나 화산'으로도 알려진 성층화산. 높이가 해발 2,381미터이며 엘살바도르에서 가장 높은 화산이다. 이 화산은 생떽쥐뻬리(Saint-Exupéry)의 《작은 왕자》의 영감이 되었다고 한다. (그의 부인 꼰수엘로는 엘살바도르 출신이었으며 《작은 왕자》에 나오는 장미가 그녀를 상징한다는 설이 있다.)

■ **마낄리수아** : 학명은 Tabebuia rosea이며 중앙아메리카와

남아메리카 북부에 서식한다. 엘살바도르의 국가나무이다. 높이는 25미터까지 자랄 수 있으며, 꽃은 짙은 분홍색이고 질 때는 거의 흰색처럼 옅어진다. 목재는 목공예에 사용된다.

■ 마드리갈 : 14세기에 이탈리아에서 일어난 자유로운 형식의 가요. 짧은 목가(牧歌)나 연애시 따위에 곡을 붙인 것으로 명랑하고 즐거운 기분을 나타내는 것이 많으며 보통 반주 없이 합창으로 부른다.

■ 마체떼 : 밀림에서 길을 내거나 사탕수수 줄기를 자르거나 다른 용도로 사용하는 기다랗고 큰 일자 낫이나 칼.

■ 불꽃 나무 : 학명은 Delonix regia이며 12미터 높이까지 자란다. 가장 붉은 원색 꽃으로 알려진 나무 중 하나이다.

■ 산 안드레스 꽃 : 학명은 Tecoma stans이며 능소화과 나무이다. 노란 트럼펫 꽃나무로 알려져 있다.

■ 셔츠 : 일반적으로 이해하는 셔츠가 아니라 중앙아메리카 농부들이 일할 때 입던 아주 헐렁하며 거의 무릎까지 내려오고 소매도 넓은 윗옷이다.

■ 시구아떼우아깐 : 오늘날의 산따아나 행적 구역을 일컫는다. 원주민 나우아뜰 (Náhuatl)족 언어로 '무녀들의 도시'라는 뜻이다.

- **아뜰라까뜰** : 1525년 즈음, 에스빠냐 정복자 뻬드로 데 알바라도 (Pedro de Alvarado)가 오늘날의 엘살바도르 지역을 침략할 때 맞서 싸운 원주민 부족을 일컫는 말이라는 설과 그들의 지도자 이름이라고 주장하는 설이 있다.

- **아마떼** : 학명은 Ficus Insipida이며 무화과와 유사한 과일이 열리는데 인간이 먹을 수 없다. 나무껍질에서 종이를 만들 수 있고 수액은 라틴아메리카 고대문명에서 구충제로 사용되었다.

- **치촌떼뻭** : 높이가 해발 2,182미터이며 엘살바도르에서 두 번째로 높은 화산.

- **칠또따** : 학명은 Icterus pectoralis이며 중앙아메리카에 서식하는 주황색과 검은색의 찌르레깃과의 아름다운 새.

- **헬리콘** : 그리스 신화에 나오는 음악과 시의 여신들이 모여 사는 산(山).

별밤
postela